AF227443

ENCYCLOPÉDIE DE L'ARDÈCHE

FAMILLE SERRET

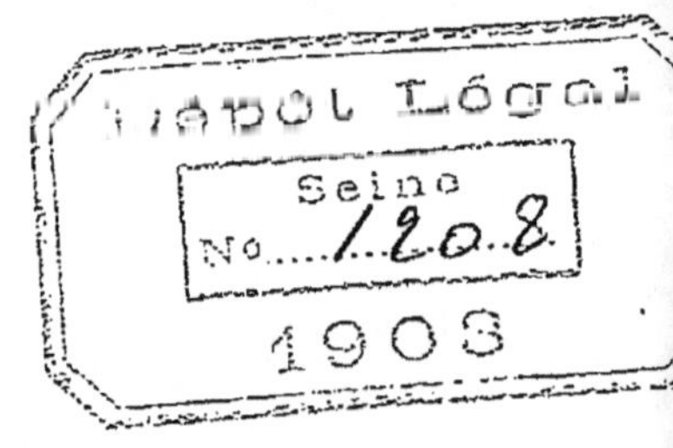

ENCYCLOPÉDIE DE L'ARDÈCHE

FAMILLE SERRET

*

FAMILLE SERRET

Le nom de Serret revient fréquemment dans les vieilles minutes notariales d'Aubenas et de Viviers, mais surtout d'Aubenas. Une tradition, qui mérite d'être mentionnée, est celle qui s'était conservée, dans la famille Serret d'Aubenas, d'une parenté entre elle et le cardinal Pasteur, mort à Avignon en 1356. Ce personnage est souvent appelé Pasteur des Serrets, parce qu'il était né, dit-on, au hameau des Serrets, commune de Saint-Étienne-de-Fontbellon. Le fait est qu'il fut élevé par les Cordeliers d'Aubenas, et que la famille Serret, qui était originaire de ce même hameau, avait fait des recherches généalogiques, en vue de préciser le lieu qui la rattachait à cet illustre parent.

Parmi les parchémins provenant de ses archives, nous en avons jadis traduit un, remontant à 1329, qui se rapporte à l'entrée, comme donat, au couvent d'Aubenas, de Michel Serret.

Voici les données principales qui résultent de cette pièce :

Michel de Serret, du mas de Serret (de padio de Serreto), mandement d'Aubenas, donne au commandeur Raymond d'Alayrac et au couvent de Saint-Antoine, une maison et diverses propriétés qu'il possède au mas de Serret, au Grasol et au Gras (localités voisines), en se réservant pendant sa vie l'usufruit de ces immeubles, et la propriété absolue de quelques autres, à la condition d'être admis comme donat, parmi les Frères de Saint-Antoine d'Aubenas, d'être nourri comme eux, et de recevoir chaque année un vêtement de dessus, d'une valeur pouvant aller jusqu'à 80 livres tournois. Les immeubles donnés confrontent tous avec des immeubles de même nature, appartenant aux enfants de feu Vital Serret, frère de Michel, d'où l'on peut inférer que cette famille Serret était la principale, sinon l'unique propriétaire du mas dont elle avait reçu le nom, à moins qu'elle ne lui eût donné le sien. Le mas des Serrets est situé près de la route de la Chapelle à Saint-Étienne-de-Font-bellon ; il y a un moulin de Serret, au-dessous de la route, sur le ruisseau qui vient d'Ailhon. Enfin, un quartier voisin porte encore le nom de Saint-Antoine, qui lui vient peut-être des donations de Michel Serret.

C'est en considération de cette parenté, qu'en 1793, Delichères, alors procureur-syndic de la commune d'Aubenas, remit au notaire Serret le portrait du cardinal Pasteur, qui se trouvait dans le réfectoire des Cordeliers d'Aubenas, portrait reproduit dans un de nos ouvrages.

Le notaire Serret, qualifié féodiste, fut choisi pour secrétaire de l'administration du district d'Aubenas, quand cette administration s'organisa en juin ou juillet 1790, et il fit, en cette qualité, l'expertise des biens ecclésiastiques.

Plus tard, en 1794, on le trouve membre du comité de surveillance de cette ville, où il tempérait l'ardeur jacobine de ses collègues.

**

J.-C. Serret, fils du précédent, notaire à Aubenas, est l'auteur de plusieurs articles publiés dans *l'Annonéen* de 1842-1843, sous le titre : « Défense de l'agriculture sacrifiée, contre les prétentions de la fabrique de Lyon. » Il avait aussi écrit deux études, l'une sur *l'Alluvion* et l'autre sur *la Dot*, dont les manuscrits furent brûlés dans les incendies de la Commune, en 1871, avec la maison qu'habitait alors un de ses fils.

Ce Serret avait épousé une demoiselle Dufour, fille d'un notaire de Privas. N'ayant pu obtenir le transfert de l'étude Dufour à Aubenas, il quitta cette ville pour aller exploiter un domaine en Provence ; mais cette entreprise n'eut pas de succès. Il laissa plusieurs enfants, et trois de ses fils se sont fait une place distinguée dans la carrière qu'ils ont suivie.

*
* *

L'aîné, Philippe Serret, après avoir été quelque temps avocat à Largentière et à Privas, vint à Paris et devint un des plus brillants rédacteurs de *l'Univers*. C'était à la fois une âme de poète et un esprit des plus sérieux, et, par-dessus tout, un honnête homme, ne transigeant jamais avec sa conscience. Du soleil méridional il avait emporté des rayons, car il aimait à se rappeler le pays natal, et personne ne savait mieux que lui en parler le langage imagé, et dire des vers de Mistral ou d'Aubanel.

Obligé de fuir en 1870, il se réfugia à Poitiers, et là, dit l'auteur d'un des articles nécrologiques dont il fut le sujet, « sans asile et sans refuge », le voyageur aborde un jour chez un prince de l'Église, dont il n'est connu que de nom. On porte à Mgr Pie la carte de Philippe Serret, et ce prélat accourt, prend dans ses bras le publiciste chrétien, l'embrasse, et lui dit que sa maison sera désormais la sienne. Les jours de l'exil, il les passa en partie au palais épiscopal, en partie à l'ombre du tombeau de sainte Radegonde, chez un ami, dont l'humilité veut que nous taisions le nom, mais dont l'amitié est de celles qui ne se démentent jamais.

Philippe Serret était, dans les derniers temps

de sa vie, devenu aveugle. Il mourut à Versailles, au mois d'octobre 1890.

Nous avons de lui une brochure intitulée : *Quelques pages de chronique judiciaire*. Mais ceux qui voudront parcourir la collection de *l'Univers*, de 1869 à 1900, pourront se convaincre que Philippe Serret fut à la fois un penseur éminent et un écrivain remarquable.

*
* *

Charles Serret, son frère cadet, élève de Flandrin, avait, dès l'année 1861, deux portraits admis au Salon. Firmin Boissin, dans un de ses feuilletons de *l'Écho de l'Ardèche,* où il apprécie fort bien le talent si fin et si délicat de Charles Serret, nous apprend qu'il avait fait une chose, qu'aucun n'aurait osée, une copie du *Saint Symphorien* d'Ingres, qui est à la cathédrale d'Autun.

Après quelques tâtonnements, notre peintre se choisit, dans le domaine de l'art, une spécialité charmante et qu'il porte, on peut le dire, à la perfection : les études d'enfants.

Nous avons eu l'occasion de voir des pastels et dessins sortis de son crayon, et nous ne pensons pas qu'on puisse rien imaginer de plus pur, de plus vrai et de plus vivant que ces figures de bébés, passées de la réalité dans son esprit, et de là, coulées sur le papier, comme un sujet sorti d'un moule fidèle. Aussi, l'exposition de ses œuvres qu'il fit en 1888, chez Durand-Ruel, fut-elle très remarquée.

Le feuilletoniste, Hugues Le Roux, ayant voulu faire à cette occasion la connaissance personnelle de notre compatriote, a raconté la chose avec tant d'esprit et, d'ailleurs, d'une manière si vraie, si parfaitement conforme à l'impression qu'avait faite sur nous-mêmes Charles Serret, que nous ne pouvons résister au plaisir de reproduire ici son article : « Quel est donc, se disait notre feuilletoniste, ce père de famille, qui peint les petits enfants comme ils sont, et derrière leurs yeux, voit leur âme ?

« Je l'ai vu, cet ami des bébés de France. Il n'est plus jeune, il a dépassé le milieu de la vie. Très simple, tout à son rêve, il rappelle, avec l'auréole de sa barbe et de ses cheveux frisés, les saint Joseph que l'on voit dans les tableaux des primitifs. Il m'a conté toute son histoire. Il est né dans les montagnes de l'Ardèche. Il a été élevé tendrement par sa mère, morte depuis longtemps. Il ne peut parler d'elle, à l'heure qu'il est, sans émotion et sans reconnaissance. Sur ses genoux, il a regardé les images des premiers *Magasin pittoresque*. Une reproduction d'un carton de Raphaël, rencontrée là dedans au hasard des pages, a décidé de sa destinée. Il est venu étudier dans l'atelier de Flandrin. Quand la mort du maître l'a laissé sans guide, il est retourné chez ses parents, à la campagne; il a travaillé là au gré de ses rêves, cherchant sa voie, bientôt séduit par la grâce des enfants, décidé à s'en tenir à ces modèles.

« Ironie de la destinée! Lui, qui aimait tant les petits, il n'a jamais été assez riche pour se bâtir un foyer. A présent que les parents sont morts, le voilà vieux garçon. Il vit seul, au fond de Vaugirard, chez son plus jeune frère. Celui-là est un savant mathématicien, absorbé dans le calcul infinitésimal. Pendant que le géomètre trace ses figures au tableau noir, le peintre regarde avec amour les enfants de son faubourg. Jamais il n'aurait la pensée de faire signe aux bébés de monter. Ils s'ennuieraient trop sur la planche à modèle. « Un enfant qui pose, ce n'est « pas plus un véritable enfant, qu'un oiseau em- « paillé n'est un véritable oiseau. »

« Ce que Serret aime à peindre, ce qu'il peint, c'est l'enfant dans sa récréation, dans la liberté de ses attitudes. Il observe à la dérobée.

« Je les aime, m'a-t-il dit, je les aime ces « petits, quand ils ont déjà joué, quand ils ont « sali leur robe, quand ils se laissent surprendre « avec toute leur âme sur la figure. »

« Il regarde devant lui, très loin, tout en me parlant. L'enthousiasme avait transformé sa figure un peu naïve, et il avait vraiment l'air d'un saint de vitrail quand, pour soi-même, oubliant sûrement que j'étais là, il ajouta à demi-voix : « Je les aime, ces petits, parce « qu'ils sont purs comme des épées. »

Charles Serret obtint une médaille à l'Exposition décennale de 1889.

Il s'était retiré depuis quelques années à la maison de retraite Galignani, et c'est là qu'il est mort, le 25 janvier 1900, à l'âge de soixante-quinze ans.

*
* *

Paul Serret, né à Aubenas, le 16 octobre 1827, mort à Neuilly-sur-Seine, le 23 juin 1898, était le onzième enfant du notaire Serret. Élève de l'école Monge, il fit de brillantes études que couronna le prix d'honneur de mathématiques, au concours général de 1848. Entré à l'École normale, dans la section des sciences, en 1849, il montra pour les mathématiques des aptitudes qui le firent classer le premier à l'examen de fin d'année en Sorbonne. Il en sortit trop tôt; la mort prématurée de son père lui apportant des charges de famille dont il allait seul soutenir le poids. Son frère aîné, Philippe, alors au barreau, et Charles, son autre frère, qui se destinait aux arts, ne pouvaient reconstituer le foyer ébranlé. Paul Serret assuma seul cette tâche, et devint le soutien de tous. Et l'auteur de la courte notice sur sa vie et ses œuvres, lue à l'Académie des sciences, le 4 juillet 1898, fait de lui le plus bel éloge, en disant qu'il faut regretter, à tous les points de vue, l'obligation où il se trouva alors de quitter l'école pour entrer dans l'enseignement libre. « Paul Serret, ajoute M. Darboux, pourvu d'une chaire dans un de nos grands lycées, ou dans une de nos Facultés, aurait pu consacrer plus de temps à une science qui lui était chère. L'œuvre considérable qu'il nous laisse nous fait regretter qu'il n'ait pas eu tous les loisirs nécessaires pour étendre ses connaissances, et développer tant d'idées heureuses dont se trouve le germe dans ses écrits. »

Notre éminent compatriote se résigna donc de bonne grâce à entrer dans l'enseignement libre. Pendant près de trente années, il s'attela, du matin au soir, à cette laborieuse et ingrate besogne, se réservant les veilles pour ses études personnelles, sans que ce dévouement, vraiment héroïque, faillit un seul jour.

La mort de sa mère et de sa sœur allégea sa tâche. L'Institut catholique était en train de se fonder. L'œuvre nouvelle séduisit le savant autant que le chrétien : il offrit sa coopération, et demanda la chaire de mathématiques, à laquelle son titre de docteur et ses travaux scientifiques lui donnaient droit. Il l'occupa pendant onze années, et consacra sa science et son dévouement à maintenir, en face de l'enseignement universitaire, le bon renom scientifique de la nouvelle institution.

Malheureusement, dit le P. Raboisson dans les *Études religieuses*, « Mgr d'Hulst, qui à un grand cœur joignait quelques-uns des défauts de ses grandes qualités, voulut s'ingérer dans son enseignement. Avec une dignité qu'on ne saurait trop louer, le savant préféra se retirer et donna sa démission. »

Ramené à la solitude et à ses recherches scientifiques, l'Académie des sciences reçut de lui une trentaine de communications, qu'elle récompensa en lui donnant huit années de suite le prix Gegner.

M. Darboux, énumérant ses œuvres scientifiques, constate que la première : *Des méthodes en géométrie*, parue en 1855, « indique de profondes études, suppose de nombreuses recherches, fut accueillie avec beaucoup de succès, et qu'elle est toujours consultée avec grand intérêt ».

En 1859, Paul Serret devint docteur ès sciences, avec deux thèses qui ont formé l'ouvrage publié en 1860, sous ce titre : *Théorie nouvelle géométrique et mécanique des lignes à double courbure.*

Mais l'œuvre favorite de Paul Serret est celle qu'il publia en 1869, chez Gauthier-Villars, sous le titre de : *Géométrie de direction*, dans laquelle, dit M. Darboux, « il fait connaître un principe très ingénieux et très fécond, dont il développe une foule d'applications, et dont il n'a cessé de poursuivre les conséquences jusqu'à la fin de sa vie ».

Ces témoignages paraîtront, pensons-nous, suffisants pour assurer à Paul Serret une place dans le monde savant, parmi les meilleurs géomètres. Mais la géométrie ne possédait pas notre compatriote tout entier : la littérature avait aussi pour lui de vifs attraits, témoin : *les Dévotions du siècle, ses bienheureux et ses vénérables, ses chapelles et ses sanctuaires*, par Un mécréant; Palmé, 1881. C'est un tableau très vigoureux et d'une justesse saisissante de la religion nouvelle, ou plutôt de l'absence de toute religion, que des sectaires s'efforcent d'imposer à la France catholique, et dont on voit trop chaque jour les funestes résultats. On croirait, par moments, lire du Louis Veuillot. Cet ouvrage aurait eu plus de retentissement, si l'auteur s'était ménagé dans la presse quelque appui, mais il ne songea pas même à le demander, et quelques amis seulement lurent et purent apprécier son œuvre.

Une rare modestie, une abnégation poussée jusqu'au sacrifice de tous ses intérêts, pour le bonheur des siens, autant que ses travaux scientifiques, ont trop fait restreindre à Paul Serret ses relations sociales; mais tous ceux qui l'ont approché ont trouvé en lui le charme pénétrant d'un esprit délié, doublé de rares qualités de cœur. Sa mort fut chrétienne, comme sa vie, et a laissé d'inoubliables souvenirs à ceux qui en furent témoins.

Il existe en France deux autres familles de Serret, l'une à Valenciennes, l'autre à Montélimar, qui, toutes deux, se disent originaires de l'Ardèche. La première, qui alla s'établir à Valenciennes au seizième siècle, est actuellement représentée dans le Nord, dit un journal de Cambrai, par les Bernard, les Le Lièvre, les Colombier, etc. C'est à cette branche peut-être qu'appartient Ernest Serret, né à Boulogne-sur-Mer, qui, de 1845 à 1865, a publié un assez grand nombre d'œuvres littéraires, et donné quelques pièces au théâtre.

La seconde a produit le fameux mathématicien Serret, membre de l'Académie des sciences, né à Paris en 1819, dont la famille était de Montélimar, mais originaire du Vivarais.

A. MAZON.

PARIS

IMPRIMERIE DE J. DUMOULIN

5, rue des Grands-Augustins, 5

D
DUMOULIN
AGE·QUOD·AGIS
RUE DES·GRANDS AUGUSTINS.5
IMPRIMEUR
PARIS
PARIS